publication PN°1
Bibliothek der Provinz

Adalbert Stifter
Der Tandelmarkt
Aus dem alten Wien

herausgegeben von
Richard Pils

Verlag
publication PN°1
© Bibliothek der Provinz
A-3970 WEITRA
02815/35594

ISBN 3 85252 098 3

printed in Austria
by
Plöchl
A-4240 Freistadt

*

Adalbert Stifter

Der Tandelmarkt

Aus dem alten Wien

DER TANDELMARKT

Wer den Verfasser dieser Zeilen in früherer Zeit ge-
kannt und ihn in seiner sehr hoch gelegenen Wohnung in unserer Stadt manchmal besucht hat, wird
sich wundern, wenn er jetzt nach so manchem Jahre
wieder zu ihm kömmt, daß er in seiner neuen, nicht
minder hoch gelegenen Wohnung die Sachen so ganz
anders eingerichtet hat als damals; namentlich wird
er ihn fragen, wo denn das Gemach mit den alten,
buntscheckigen Sachen hingekommen ist, mit dem er
damals so viel Wesens machte und das der unablässi-
ge Gegenstand des Scherzes und Witzes seiner Freun-
de war. – Wir aber antworten ihm darauf: Leider hat
der Verfasser jetzt nur so viele Zimmer, wie viele die
wenigsten sind, die ein verheirateter Mann haben
kann und in denen alles das aufgestellt ist, mit dem
ebenfalls ein verheirateter Mann versehen sein muß,
nämlich Sofa und Tische und Sessel, wo die Besucher
sich niederlassen können, Kästchen, wo die Schau-
stücke der Frau hinter Glas stehen, Kästen, wo ihre
Kleider hängen und ihre Linnenzeuge liegen, ein
Tischchen, an dem sie arbeitet, eins, auf dem ihre
Winzigkeiten stehen, ein Schlafzimmer, in dem sie alles auf das netteste und reinlichste eingerichtet hat,
und zuletzt allenfalls ein Arbeitszimmer für den
Mann, wo sein Schreibtisch steht, auf dem Bücher lie-

gen, die sie ihm ordnet, so wie die in den Kästen und wie die Bilder an den Wänden und die Vorhänge an den Fenstern, damit sie sich nicht zu schämen braucht, wenn Besuche zu ihm kommen — — so daß also für die alten, lieben, schönen, buntscheckigen Sachen kein Platz mehr übrig bleiben konnte und daß sie in einer Kiste auf dem Boden wohnen. Aber das versichert der Verfasser, wenn ihm sein Lieblingswunsch in Erfüllung geht und Phöbos und die Musen ihn begünstigen, daß er sich in seinem vorzugsweise geliebten Lande ob der Enns ein kleines, winziges Häuschen bauen kann: dann wird ein Eckstüblein eingerichtet, wo die aus der Kiste erlösten Gefangenen und sehr viele neu angeworbene Truppen auf das glänzendste aufgestellt werden. Dort geht er dann hin, sieht sie an, ordnet sie, erwirbt manches Neue und führt verschiedene Besucher, welche Sinn für das Ding haben, hinein und zeigt ihnen, wie er alles gemacht hat, erklärt ihnen die Bedeutungen der Stücke ja, wenn sie erlauben, erzählt er ihnen, wie umständlich und seltsam er manches davon erworben hat und welches, man kann sagen, Wunder notwendig war, daß manches hier verweilt, was sonst weiß Gott in welchem andern, weit entfernten Gemache stünde.

Seit vielen Jahren ist der Schreiber dieser Zeilen ein großer Verehrer von Altertümern, gleichsam von Worten, die eine längst vergangene Zeit an die unsere redet — nur daß wir diese Worte nicht mehr ganz verstehen und uns eine seltsame, rührende, phantastische Auslegung vorspiegeln, worin eigentlich der ganze Reiz dieser Dinge besteht. Wir suchen Geschichten, die mit ihrem Dämmerdunkel wie Rätsel vor unsrer Seele stehen, die wir anstaunen und die wir auflösen möchten. So spricht ein fremder Seelenreiz anregend zu unserer, und sie lebt sich in ein fremdes, fernes Leben hinein und teilt in leichtem, unbewußtem Spiele die Leiden und Freuden dieses fremden Lebens, das entweder einstens gar nicht da war oder nun längstens schon tot ist. Die Geschichte der Welt spricht zu diesen Worten der Altertümer auch die ihrigen mit, die mit Buchstaben geschrieben sind, aber sie erklärt deshalb die andern nicht – sie hebt manchen Zipfel des Schleiers, sie deckt aber dafür andere Stellen zu und reizt unsern Geist zu erneuerten, schwermütigen oder lieblichen Forschungen und Ergehungen und hält uns unser eigenes Bild in fernen, weitabliegenden Zeiten vor, wo die unseren längst vergangen und verschollen sein werden. Die alten Stücke vergangener Geschlechter sind daher gleichsam das Gewand, das der Urgroßvater ausgezogen und niedergelegt hatte, als er auf ewig davonging, welches Gewand nun Bruchstücke von der Geschichte dieses Urgroßvaters erzählt.

Meine Liebe zu Altertümern erstreckt sich auch auf scheinbar ganz unnützes mittelalterliches Zeug und auf jeden verkommenen Trödel, dessen Rede wir nun gar nicht mehr verstehen und der sich gleichsam nur mehr als übriggebliebener Plunder fortfristet – – ich liebe solche Dinge, und mir tut es weh, wenn ich sie zerstören sehe oder gar in mutwilligem Hohne absichtlich schänden. Darum sehe ich gerne zu und blicke mit fast großväterlichem Kummer darauf,

wenn sie ein Haus niederreißen, in dem ich mir so oft
zu wohnen gewünscht hatte, weil so viele Ecken und
Erker und Stiegen und Gänge darin und daran waren,
welches alles aber jetzt zerschlagen und zerworfen
wird, weil, wie die Leute sagen, der alte, unnütze Kasten weg muß, damit ein vernünftiges Haus an die
Stelle kommen mag. – Ein vernünftiges Haus aber
heißen sie ein großes viereckiges Ding mit vielen
Fenstern, das erst recht einem Kasten ähnlich sieht
und nicht den geringsten Reiz zu Gefühlen einflößt,
außer denen der Bequemlichkeit. Für Altertümer dieser Art ist daher eine Hauptstadt sehr gefährlich, weil
da ein eigenes Treiben und Hasten in Geschmacks-
und Modesachen herrscht, und wenn ich noch hie und
da ein schwarzes, vielgiebliges, hochgestrecktes Haus
sehe, wie ich sie so sehr liebe, so fürchte ich schon,
daß, wenn ich morgen vorübergehe, Gerüste dastehen
und tausend Menschen daran sind, das Haus und
selbst seine angrenzenden abzutragen, um ein glän-
zendes, weißes, gerades, viereckiges, reizloses Gebäu-
de hinzustellen, das viel einträgt. Da nun dies täglich
und stündlich geschieht, so sehen derlei Städte und
darunter auch unser Wien wie eine Stadt von gestern
aus, nicht wie eine aus der Zeit der alten Römer oder
der alten Babenberger, so wie auch die Frauen solcher
Städte stets wie neu gekleidet einhergehen, da sie die
alten Stücke immer weggeben und neue nachschaffen,
gerade so wie die Baumeister mit den Häusern tun. In
kleinen, abgelegenen Landstädten aber sieht man
noch gar so oft neben den uralten Mauern die uralten
Kleider wandeln, und es tut einem wohl.

Es wird eben, da ich dieses schreibe, auf dem sogenannten *Lichten Stege* zu Wien ein kleines, unbequem gelegenes altes Haus abgebrochen, und mit Recht; denn es ist dringend nötig, daß der Weg dort breiter werde; aber immer, wenn ich dieser Tage vorbeiging, dachte ich: »Mein Gott, wo wird nun der liebe, hübsche steinerne Engel hinkommen, der an der Vorderseite des Hauses aus einer Nische sah und seine Flügel so fromm und nett faltete, als wollte er sich wie eine Phaläne einhüllen – wo wird er hinkommen?« Aber die Leute brechen lustig weiter, und der Engel, wenn er von Stein ist, liegt vielleicht schon irgendwo zerbrochen umher, oder wenn er nur vom weichen Stoffe geformt ist, so befindet er sich gewiß schon als Staub und Schutt unter dem andern Staube und Schutte. Nur manche Namen blieben noch als Denkmale in unserer Stadt zurück, aber auch die nicht immer. So ist noch das *Lugeck*, jetzt ein kleiner Platz in der Stadt, einst eine Warte in der Stadtmauer gegen das gefährliche Ungarn hin, dann der *Rote Turm, der Graben, die Freiung, Maria am Gestade, die Fischerstiege, die Wollzeile* und andere; viele sind aber auch geändert, so zum Beispiel steht an der Stelle des alten, romantischen *Katzensteiges* jetzt die prächtige *Seitenstettergasse*; wo es früher »*Im Elend*« hieß, liest man jetzt *Zeughausgasse*; andere, wie zum Beispiel das *Paternostergäßchen*, verschwinden ganz und gar. Daß bei einer solchen Bewandtnis der Sache all die kleineren, beweglichen Altertumsdinge sich nicht erhalten können, begreift sich, denn wenn es denen, die da fest und eingerammt sind in dem Boden der

11

Erde, nicht anders ergeht, als daß sie zerstört und zerrissen werden – was haben die zu erwarten, die in aller Welt herumfahren und ewig die Hände ihrer Eigentümer wechseln?

Die etwa geschichtlichen, künstlerischen altertümlichen Wert haben, wandern in Sammlungen, aber dann ist es sozusagen dieselbe Sache gar nicht mehr; denn erstens sind in solchen Sammlungen meist nur Dinge, die uns von dem vergangenen Staatsleben erzählen, aber gerade von dem nichts, was uns das Unmittelbarste und Herzigste ist, von dem alltäglichen Alltagsleben unserer Voreltern, von dem gerade der Plunder und Trödel deutlicher spricht als das wichtige Geschichtsdenkmal, das am Ende doch wieder nur das Schluß- und Endestück des Trödels ist und, aus seinem Zusammenhange gerissen, verstummt. Zweitens reden ja die Sachen am rührendsten zu uns von dem Orte ihres einstigen Gebrauches und im Zusammenhange ihrer Umgebung werden sie nun von da herausgerissen und in einen fremden Saal zusammengedrängt, so verlieren sie ihre Muttersprache, und es ist, als hätte man die Worte einer Büchersammlung durcheinandergewürfelt und noch dazu das Ganze in einem Lande aufgestellt, wo man die Sprache dieser Bücher gar nicht mehr spricht. Darum blicken mich Harnische, Speere, Becher, Koller, Fahnen, Urnen, Gemälde, Schnitzwerke, Stickereien und dergleichen so fremd und widerspenstig an, wenn sie in Fächern eines Altertumssaales dicht nebeneinander stehen, wie sie im Leben und in ihrer Zeit nie und nimmermehr waren: aber ganz anders und ganz traulich schauen sie von dem Platze ihrer einstigen Bestimmung zu uns nieder, zum Beispiel, wenn wir in dem Kreuzgange einer Abtei wandeln und die Bilder der Äbte da hängen sehen, im strengen, ernsten Sinne gemalt und von Alter schwarz und düster geworden, oder wenn wir die Steinbilder in den Säulengängen, in der Kirche oder auf dem Friedhofe derselben sehen und die alten Geräte und Meßgewänder in der Sakristei – wenn wir in Burgen die einstigen Waffen und Prunkstücke erblicken – und in Bürgershäusern die Geschirre und Stoffe in altertümlichen Truhen: so schaut das alles ganz anders auf uns, als wenn es auf Gestellen in Sammlungen aufgeschichtet ist und dort nicht weiß, was es soll.

Ich kannte einmal einen Mann – damals hielt ich ihn für einen großen Narren, jetzt aber wäre ich fast selber so, wenn ich in seiner Lage wäre. Dieser Mann hatte ein Haus auf dem Lande, welches von seinen Vorfahren durch Jahrhunderte hindurch bewohnt und dann verlassen worden war; es strotzte daher von abenteuerlichen Sachen und Altertümern. Der Mann zog nun, da er etwas alt geworden war, in das Haus, er ließ es aber, wie es war, kein Nagel durfte verrückt, kein Pfosten angestrichen, kein Fensterrahmen verändert werden, von Schreinen, Bettgestellen, Getäfel usw. durfte man erst vollends nichts anrühren oder bessert und das Haus in wohnlichen Zustand versaut, weil der Mann gesonnen war, sein ganzes Leben da zuzubringen. Nur hatte er die Ansicht – und dies war es, was ich für die Narrheit hielt –, daß man die Ausbesserungen nicht etwa im Geiste und Sinne des bereits Vorhandenen machen müsse, wie ich und die andern Vernünftigen getan hätten, sondern wo etwa ein Fensterflügel fehlte, setzte er neben den alten einen ganz heutigen hin, der altertümliche, schadhafte Sorgenstuhl bekam einen Fuß neuer Art; wo das Wandgetäfel fehlte, ließ er die nackte Mauer durchblicken, nur ward das Stück betüncht und nach jetziger Weise bemalt. Da aber nun an allen Orten etwas fehlte, so geriet ihm das Haus zu einem gräßlichen Widerspruche, da jeden lachen machte, der hineintrat – – aber der Hineintretende durfte nur einige Zeit darinnen wohnen, dann begann schon die Wirkung sich allmählig zu zeigen; gerade der Widerspruch hob uns das Urväterliche heraus, und da nirgends nachgeholfen war, so erwies sich das Alte als echt und wirkte als solches. In diesem Hause nun saß da Mann, umringt mit Dingen seiner Ururgroßväter und täglich gebrauchend, was sie vor drei- bis vierhundert Jahren gebraucht hatten und was damals sehr schön und sehr neu war. Ich war noch ein sehr kleiner Student, als ich den Mann besuchte, damals lachte ich ihn aus; seine grauen Haare waren selber schon ein Altertum, und die blitzenden schwarzen Augen standen gerade so dazu, wie die neuen Ausbesserungen zu dem alten Hause. Jetzt ist er längstens tot, sein Vetter, der das Haus geerbt hat, zeigte besseren Geschmack. Es ist jetzt ein blankes, luftiges Landhaus, und die Familie besucht es jeden dritten und vierten Sommer auf einige Wochen. Ich aber denke recht oft des alten verstorbenen Mannes und seines Trödels. – Zwar habe ich kein Haus, in dem so ahnherrliche Dinge sind, auch bin ich kein Altertumsforscher, aber das ewige Herumkriechen in verfallenen Burgen, in öden Kirchen und aufgehobenen Klöstern erzeugte mir eine kindische Neigung zu alten Sachen und eine ordentliche Liebe zu dem verstorbenen Manne, der das verschollene Haus bewohnt hatte, und oft, oft erinnere ich mich seiner und möchte so wohnen wie er.

Da wir uns nun in dieser Einleitung lange genug bei alten Sachen aufgehalten haben, so wollen wir zu dem Gegenstande selber übergehen, den der Titel des Aufsatzes verspricht und wollen den Leser auf den Standpunkt setzen, – er mag immerhin lachen – den Tandelmarkt recht von Grunde aus würdigen zu können. Wer weiß, wie lange er noch stehen wird, diese Trümmer aus der guten, herzigen, bürgerlichen Zeit unserer Vorväter. So wie die Hetze abgekommen ist und das Turnen, so wird man auch eines Tages die ganze leichte, schwarze bretterne Stadt des Tandelmarktes abbrechen, daß nichts mehr von der vergangenen Herrlichkeit da ist als der große leere Platz. Auf diesem wird man dann junge Pappeln pflanzen, daß einst eine recht schöne gerade, nichtssagende Allee daraus werde, in der man spazierengehen kann.

Ich ging recht mit einer Art Liebe zur Beschreibung dieser Sache, weil ich seit langem zu den fleissigsten Besuchern des Tandelmarktes gehöre und manches Stück von ihm nach Hause trug, dessen Erwerb mich noch diese Stunde nicht reute.

Rings um die eigentliche Stadt Wien läuft ein freier Platz, wie um alle Festungen, damit die Kugeln

15

spielen können, aber so wie ein ergrauter Kriegsheld seine Waffen nur mehr als Schmuck und Ehrenzeichen trägt, nicht mehr zum Schutze und zum Trutze, so trägt auch heutzutage Wien seinen Harnisch und Schild, mit denen es in vergangener Zeit die Türken so wacker zurücktrieb, ebenfalls nur mehr zur Erinnerung und zur Zierde. Darum hat der freie Raum eine ganz andere Bedeutung bekommen; zum Teile ist er noch, was er war, ein geräumiger Exerzierplatz der hiesigen Soldaten, zum Teile aber ist er so mit Alleen besetzt, daß er wie der anmutigste Spaziergang, ja stellenweise wie der dichteste Park aussieht.

Jenseits dieses Raumes steht der Wald der Vorstädte in einem schönen Ringe um die eigentliche Stadt herum, und es wäre schade, wenn einmal eine zukünftige Zeit auf den Einfall kommen sollte, den Raum zu verbauen; denn er ist als Spaziergang unschätzbar und als Luftbehälter für die große Stadt eine wahrhafte Wohltat.

Auf diesem Raume an dem rechten Ufer des Wienflusses steht nun auch, wovon wir in diesem Aufsatze handeln wollten, der Tandelmarkt. Es ist dies eine Sammlung uralter hölzerner Hütten, die förmlich wie eine Stadt in Gassen geteilt, mit fortlaufenden Zahlen beschrieben sind und alles das enthalten, was man von einem Tandelmarkte verlangt. Da nun wenige Städte, namentlich Hauptstädte und Residenzen, eine Anstalt dieser Art oder vielmehr diesen Überrest einer vergangenen Zeit aufzuweisen haben und da sich gerade hier ein guter Teil der eigentümlichen Bevölkerung Wiens treibt und schiebt, so wollen wir dem Dinge eine nähere Aufmerksamkeit schenken und es zu entwickeln versuchen.

Tandeln, Tandler, Tandlerin sagt man in der gemeinen Wiener Sprache für Trödeln, Trödler, Trödlerin, und man versteht unter dem Geschäfte ein Handeltreiben mit aller und jeder Gattung von Plunder, altem und neuem Zeuge, und es wäre eine Mathematikusaufgabe, in eine allgemeine Formel zu bringen, welche Dinge Gegenstand des Tandlers seien und sein können, von dem kostbaren Perlenschmuck und der goldenen Zylinderuhr angefangen bis zu dem einzelnen verrosteten Schuhnagel herab; von dem Zobel und Hermelin, Pelze bis zu dem vertretenen Stallpantoffel; von Silber, Borden und Seidengeflechte bis zu weggeworfenem Riemwerk und Leder. Alle Stände, alle Alter und Geschlechter, alle Zeiten sind hier vertreten.

Es sind wohl auch in der Stadt und in den Vorstädten einzelne Trödlergewölbe, und man erkennt sie von weitem an den herausgehängten Bildern, Uhren, Meerschaumpfeifen, Gewehren, Kleidungsstücken und ähnlichen Dingen; aber der eigentliche Sammelplatz, gleichsam der dichterische Klub aller alten, verschollenen und verblichenen Dinge ist und bleibt der Tandelmarkt. Jeder, der da weiß, wie neugierig er den Kopf in die Truhe der Großmutter steckte, wo ein Haufen Wunderlichkeiten war: die steifen seidenen Röcke, die schwarze Haube, von der die Seitenflügel eulenartig wegstanden, der messingspangene Himmelschlüssel, welches ein Buch mit schönen Kupfern und Fegefeuergeschichten ist, die hochstöckigen Schuhe, der Fächer, die Pelzstutzen, der Muff, dann zehn und zwanzig kleine Trühelchen und Büchslein und Fläschlein und anderes, was kein Mensch mehr kennt jeder, der das weiß, wird gerne durch die Gassen dieses Marktes gehen, wo derlei Sachen gleich in ganzen Massen aufgehäuft sind. Wie das Pferd, wenn es ausgedient hat, nach und nach herunterkommt: von dem edlen, kriegerischen Reitpferde erst zum Kutschenpferde, dann zum Fiakerrosse, dann zum Zugrosse an Mist und Ziegelwägen oder zum Ziehen eines Wasserfasses, wo es eines Tages elend verkommt – so haben die Dinge und Kleinodien endlich als letztes Ziel den Tandelmarkt, wo sie zum weiteren Vertriebe ausgesetzt prangen und wie am Jüngsten Tage alles gleich ist, so liegt auch hier jenes Gold aus den Tressen des Marschallsrockes und diese Zigeunerweste mit den unzähligen gelben, hochgipfligen Knöpfen ebenbürtig beisammen. Es sind im ganzen nicht lauter alte Sachen da, und oft kam es mir des Begriffes eines Tandelmarktes unwürdig vor, daß auch ganz neue Kleider, Bettdecken, eiserne Öfen und dergleichen herumhängen und stehen, aber die Sache ist einmal so, und wie jedes Menschliche, so entartete auch diese Anstalt mit der Zeit. – Ich aber sah immer so viel als möglich von diesen unzuständigen neuen Dingen ab und hielt mich an die alten, wo sie wahre holländische Stücke und Stilleben austellen. Wenn man nämlich so die zugedeckten, dunklen engen Gänge voll Menschen und Kleider und Kram entlanggeht, so entschädigt hie und da eine echte, rechte Tandelhütte, die schon außen, wo nur ein Nagel an den Brettern Platz hat, und dann erst recht von innen mit Trödel bespickt und belastet ist. Auf den alten, befransten Sesseln liegt ein Schwall namenloser Dinge; auf den Brettern des Fußbodens bauscht sich ein Haufe; mitten drin sitzt der Eigentümer, oder noch besser, die Eigentümerin, selber in derlei Sachen gekleidet und von dem ewigen Anblick ihrer Ware ein Gesicht bekommend, als sei es auch schon Trödel geworden, und hinten in der Hütte, wo es dunkel wird, ist dir, als müßte erst recht dieses Universum kein Ende nehmen. – Eine solche Hütte war meine Sache, ich suchte zuweilen des längsten in ihren Dingen herum und kaufte auch manchmal etwas, das die Meinigen zu Hause in Verlegenheit brachte, was damit anzufangen sei.

Aber ehe ich mich in einzelne Dinge und ihre Würde ein, lasse, halte ich es für Pflicht, den auswärtigen Lesern einen Begriff im allgemeinen zu geben.

Auf dem Festungsraume vor der Stadt, wie wir schon sagten, am *Wienflusse*, von der *Karlskirche* abwärts bis gegen den *Heumarkt* zu stehen dicht aneinandergedrängt mehre hundert hölzerne Hütten, fast den aufgeschlagenen hölzernen Buden eines Marktes ähnlich, da ihr Zweck Warenauslage ist, aber doch wieder anders, und fast an Wohnhäuschen erinnernd, da sie nicht so wandelbar wie Marktbuden sind, sondern so lange an Ort und Stelle zu bleiben haben, bis sie vor Schwärze und Alter morsch werden und bre-

chen, wo dann an die Stelle der alten eine neue Hütte
gebaut wird, ganz in dem Sinne der alten, nur daß die
Bretter licht sind, und so geht es fort, bis man etwa
einmal die ganze Sache als eine veraltete Barbarei
ganz eingehen läßt. Die Hütten stehen fast aneinan-
der und bilden mit ihren offenen Vorderseiten förmli-
che Gassen, in denen sich die kauflustige Menge
treibt; diese Gassen sind häufig selber wieder einge-
deckt, so daß man auf diesem Markte wie in einer ungeheuren Bienenwabe haumgehen kann.

Jede Hütte ist mit einer Zahl wie ein Fiakerwagen
beschrieben, und fast jede hat ein gemaltes Schild
heraushängen, wovon sie den Namen: »Zum Jäger«,
»Zur Rose«, »Zum grünen Baum« etc. führt. Das
Ganze bildet ein langes Viereck von schwarzen wet-
tergepeitschten Dächern, von denen dir, wenn du sie
von weitem über, schaust, bange wird, daß einmal ein
Feuer darunterkomme und in diesem luftigen, ge-
dörrten Geraffel schrecklich wirtschafte. An schönen
und besuchten Tagen ist das Ganze von ferne wie ein
leibhafter Ameishaufen zu sehen, der sich über und
über rührt.

So ist der Schauplatz – und nun ist die Frage, welche Waren, welche Käufer und Verkäufer sind da?
Diese Frage aber ist leichter getan als beantwortet.
Wenn du ein Wiener bist und es fehlt dir irgend etwas, was immer in deiner Haushaltung und an dei-
nem Körper, es sei so klein und bruch-, stückartig, als
es immer wolle, es sei so ferne und allen menschlichen
Begriffen widersprechend als nur immer denkbar: ge-

he hin auf den Tandelmarkt, und du bekommst es. Freilich ist es wahr, es sind viele Hütten schon gesondert, so daß nur *bestimmte* Waren in ihnen zu haben sind, namentlich gilt dies von Kleidern, Lappen und Eisenwaren, aber dafür sind auch andere, und diese, glaube ich, sind die echtesten, wo du alles und jedes empfangen kannst.

Wir wollen ein wenig ins einzelne gehen.

Der ganzen südlichen Länge des Vierecks entlang, da wo die Fahrstraße vorbeiführt, ist die ausschließliche Niederlage des alten Eisens. Was seit Kains und Enochs Zeiten her an Eisen und groben Metallwaren verfertigt worden ist, das, glaube ich, hat hier seinen Abgeordneten: Ketten jeder Art und Größe, verrostet und neu, liegen wie Schlangennester an den Hütteneingängen und an den Stöcken des Straßengeländers herum, daneben das Geschlecht der Öfen, der plumpe viereckige, der gefällige runde und da in lauter zierlichen Säulen emporstrebende, dann sind die Tragherde, Kochöfen, die Zangen, Hauen, Haken, Klammern, die Schaufeln, Sägen, Bohrer, die Feilbökke, all das kleinere Volk der Lichtputzen, Scheren, Beschläge, dann sind die Torsos, die Bruchstücke von einstigen Ganzen, die bloßen Eisentrümmer, Aushängschilde, Stiefel und Krückenbeschläge und endlich folgen die Sachen, die gar niemand kennt; ich habe daselbst einmal sogar ein Römerschwert aufgefunden, habe es gekauft, besitze es noch und lasse keinen Beweis dagegen aufkommen. Am Ende täte einer dar, daß es von einem Komödienhause sei, und die Sache wäre aus. In dem Inneren dieser Hütten sind gerne die Spielarten von Messing: alle Sekten von Leuchtern, Kannen, Tassen, Lampen und Fächern stellen sich auf.

Außer diesen Dingen haben nur noch die Kleider so ausschließliche Hütten, nur daß dieselben nicht so einen einzigen, bestimmten Platz einnehmen, sondern mehr unter den andern zerstreut sind, doch dürfte die Nordseite in dieser Hinsicht am meisten gesegnet sein. Da sind Hütten mit lauter Stiefeln, von dem neuesten und glänzendsten angefangen bis zu dem herab, der das Anziehen scheuen muß, damit er nicht auseinandergehe, daneben, wie Gerichtete, hängen die Röcke, gebürstet, gepreßt und herausgeputzt, die Kappen und Mützen gaffen und glotzen auf den Bänken, die Bettdecken sind aufgeschichtet, und Frauenröcke und Schürzen sträuben sich, und die Wäsche ist mit den schönsten rotseidenen Bändchen umwickelt. Dazwischen geht es lustig und lebhaft zu, dort paßt sich einer einen Stiefel an und flucht und seufzt dazu, daß er nicht hinein kann: hier kann ein anderer aus dem an, gezogenen nicht mehr heraus, und der Tandlerbube muß ihm denselben herabreiten – hier wird um einen Frack gehandelt, dort packt einer einen Bündel aus und bietet ihn zum Verkaufe und erschrickt über die geringschätzigen Mienen, welche er an den zusammengelaufenen Käufern bemerkt dazwischen geht und schreit ein Bube, der heiße Würste ausbietet – dann wird etwas gestohlen, und es erhebt sich ein Lärm und ein Verfolgen, worin die Weiberzungen am lautesten und tätigsten sind – dann kömmt das Speiseweib und bringt den Zettel, der sagt, was heute mittags alles zu haben ist, und sie preiset die Sachen und fragt an ihren Kunden entlang, was sie bringen soll.

Die meisten dieser Kleidertrödler sind ihrem Gewerbe nach Schneider, und viele haben zu Hause oder anderwärts Arbeiter, die die neuen Sachen verfertigen, das heißt, ganz neu oder aus alten neue machen. Dies klärt vieles auf; wenn ich nämlich bemerkte, da ich zufällig an Kleidern vorbeiging, die mein Fach nicht sind, daß der Tandler alle Sachen, die er einkauft, für alt und wenig wert erklärt, alle aber, die er verkauft, für ganz neu und sehr kostbar. Da, nicht in Betracht der Sachen an sich, sondern in Betracht des Vermögens der Kaufenden, diese Waren doch sehr wohlfeil sind und am Ende doch so lange halten müssen, als ursprünglich beim Kleidermacher bestellte, so haben diese Hütten einen verhältnismäßig sehr zahlreichen Zuspruch und nicht nur von der Stadt, sondern der ganze dürftigere Teil des umliegenden Landes besorgt seine Kleider zum Teil von dem Tandelmarkt, wobei er freilich den Vorteil hat, daß er nicht erst lange warten darf, daß er sich nicht zu ärgern braucht, wenn der Schneider nicht Wort hält oder etwas verschnitten ist.

Mit dem Anpassen sieht es freilich hier sonderbar aus, aber der Käufer hat die Wahl, er kann das Ding stehen lassen, wenn es ihm nicht gefällt. – Lächerlich ist es oft, wenn irgend ein redlicher Landmann seinem Buben hier ein »Stück Gewand« kauft, es ihm nun anpaßt, den ganzen Buben auf und ab zerrt und ihn

23

endlich, weil er auf das Wachsen rechnet, wie eine Scheuche eingehüllt davonführt. Im Frühjahre werden die Mäntel wohlfeil eingekauft und im Spätherbste teuer verkauft. Bei Kleidern, die nur zu gewissen Festen gemacht werden, bei Theateranzügen und bei Uniformen verstorbener Junggesellen lassen sich gute Geschäfte machen. In dieser Beziehung soll sich vor vielen, vielen Jahren eine seltsame Geschichte ergeben haben. Ich weiß nicht, ob sei wahr ist, aber ich will sie erzählen.

Es starb ein hoher Militär. In seinem Testamente war einer Summe gedacht, die er an irgendeinem Orte anliegen habe, allein da man keine Schriften darüber vorfand und deshalb an jenem Orte anfragte, erhielt man die Auskunft, daß der Verstorbene die besagte Summe einige Tage vor seinem Tode erhoben, wie vorliegende Unterschrift ausweise. Die Sache war wohl richtig – allein die Summe fehlte. Man warf den Verdacht auf seinen Kammerdiener – der Mann war in Verzweiflung – man untersuchte noch einmal alle Fächer, alle Winkel, alle Taschen – allein die Summe fand sich nicht. Da erinnerte sich der Kammerdiener in seiner Angst, daß der Verstorbene in demselben Rocke, den er an jenem Tage angehabt hat, wo er die Summe erhoben haben soll, begraben worden sei – etwa stecke sie in der Tasche. Einige Mitglieder der Familie erinnerten sich auch wirklich, daß der Verstorbene am Tage seiner Erkrankung im besagten Uniformrocke herumgefahren sei. Die Sache schien wichtig genug, daß man um Erlaubnis zur Grab-öffnung einschreite. Aber da dies nun geschehen und

24

bewilligt war, fand man den Verstorbenen nackt im Sarge. Der Totengräber erwies sich in der sofort eingeleiteten Untersuchung als unschuldig. Ob man die Täter endlich entdeckte oder nicht, weiß ich nicht; aber das ist gewiß, daß der in Frage stehende Uniformrock zuletzt auf dem Tandelmarkte gefunden worden ist, wohin man ihn verkauft hatte, und daß in einer geheimen Tasche des seidenen Unterfutters, die dem Kammerdiener bekannt war, die ganze Summe, in feines Papier gewickelt, noch unverletzt enthalten war. Freilich hat die Geschichte Unwahrscheinlichkeiten, wie denn die Diebe die Tasche nicht entdeckt haben, allein sie konnten in ihrer Angst mit dem Rocke schnell fortgetrachtet haben; aber wie sie dem scharfen Auge des Tandlers entgangen sei, das bleibt unbegreiflich, wenn man nicht annimmt daß er gerade so beschäftigt gewesen sei und den Rock nicht genau hatte untersuchen können. Ich selber habe zu dieser Geschichte einen sehr schwachen Glauben.

Aber da täglich viele hundert Käufe und Verkäufe auf dem Tandelmarkte gemacht werden, da namentlich alte Kleider, Prunkstücke und dergleichen dort abgesetzt werden, so ist er schon öfter die Veranlassung zur Entdeckung von Diebstählen und andern Verbrechen geworden; denn da nach Erhebung des Tatbestandes sogleich an alle Trödler die Beschreibungen der fraglichen Gegenstände abgehen, so kann es geschehen, daß, wenn der Schuldige mit seinem Stücke ankömmt, um es vorteilhaft loszubringen, er samt demselben zurückgehalten und ausgeliefert wird.

Außer den zwei Gattungen von Hütten, nämlich den Eisen, und Kleiderhütten, sind keine mehr, welche so aus, schließend wären, um nur einen einzigen Artikel zu verschleißen, wenn man etwa die östliche Seite ausnimmt, wo mehre Hütten sind, in denen vorzugsweise Bettsachen verkauft werden, von dem fadenscheinigen Strohsacke angefangen bis zum blütenweißen, schwellenden Flaumenkissen. In allen andern Buden sind die Waren mehr oder weniger gemischt, und je mehr alt und neu, vornehm und gering, ganz und gebrochen, staubig und rein durcheinandergemischt ist, desto mehr, glaube ich, verdient die Hütte den Namen einer Tandler, oder Trödlerhütte. Es wäre für den Pinsel eines jener alten Holländer eine solche Hütte ein besserer Gegenstand als für meine schwache Feder, aber ich will es dennoch versuchen, mit dieser schwachen Feder ein Schattenbild einer solchen Hütte zu zeichnen: Sie ist vorne ihrer ganzen Länge nach offen, und dennoch ist es schwa, in sie hineinzugehen; denn zu beiden Seiten ihrer Querwände laufen Hindernisse gegen den Eintritt vor. *Rechts* steht ein Ding – einen Stuhl würde ich es nennen, wenn ich es sehen könnte, aber vielleicht ist es auch etwas anderes, kurz, es ist überdeckt mit einem Stilleben von Lumpen und Kram; Enden von Tuchschlingen sich um Abschnitzel oder was sonst die hundert zusammengerollten Dingerchen sind, ferner das Unterfutter eines Spritzleders drängt sich vor und hängt gegen die Erde; ein spanisches Rohr lehnt daran, zusammengerollte Bettdecken liegen obenauf, ein Lichtschirm strebt empor, und auf ihm reiten Halsbinden;

unter einem Kessel quillt ein fast neuer, frischgrüner Teppich hervor, da sich auf die Erde fallen läßt; auf seiner Schleppe brütet ein Mantelsack, unfern von ihm ist das Felleisen eines Handwerksgesellen, beide im Dienst ergraut; hinten schaut noch ein Degengefäß hervor – all dieses liegt und lehnt auf dem Stuhle, wenn es einer ist; denn, wie gesagt, es ist eine Erhöhung über den Boden, die mit einem Trödelberge beladen ist, da selber wieder an die oberen Sachen streift, die da an der Außenwand hängen, wie zum Beispiel eine Wärmpfanne und eine Guitarre an *einem* Nagel, an dem Nachbar desselben ein Bündel Ausklopfstäbe, Fächer, und Sonnenschirmgeripppe, am dritten Pfeifenröhre, Bratspieße und ein Gewehrkolben, und endlich an den äußersten Grenzen, beinahe im Rücken der Hütte, lehnt noch ein eisernes Fenstergitter. *Links* wehren ähnliche Verhaue den Eintritt – oder eigentlich sind sie Festungsredouten – nämlich es stehen Reisekoffer überein, ander, beladen mit allem möglichen ledernen Reiseding oder auch nicht zur Reise, wenn's nur von Leder ist; daneben steht noch ein kurzes Bänkchen, welches mit Büchern belegt ist, mit einigen Dosen, alten Notenpapieren, Maultrommeln und Lithographien – und wenn du etwa die Bücher untersuchen willst, so schrecke dich nicht an dem Streicheln, das du an deiner Wange empfindest; es sind nichts als die Röcke und Mäntel und Westen und Damenkleider, die da herabhängen und den Bücherberg unter sich beschatten. Neben ihnen ist noch ein zweites Brett beigenagelt, auf dem Ölgemälde hängen, die Licht brauchen oder einen guten Rahmen haben; die andern lehnen an den Koffern tiefer gegen das Innere oder gar auf der Erde, auf welcher ich einmal den alten Vater Laudon auf dem Kopfe stehen sah, neben zwei Reiterstiefeln, die so hoch waren wie er. Zwischen den Bildern hängen noch Tabakpfeifen und Beutel, manchmal lehnt ein Klarinett, ein Barometerbrett, eine Windbüchse, ja einmal sah ich einen von oben bis unten aufgesprungenen Fagott dastehen, als wollte er noch, daß man auf ihm blase. So wichtig ist als Schaustellung der Sachen das Äußere dieser Hütten, daß, wenn die gegenüberstehende ihre Hinterwand herwendet, der Nachbar gemächlich auch noch an dieser ein Bänkchen anbringt, auf dem eine Sammlung Uhren, Glasstürze, Kaffeemaschinen, Tassen nebst Papieren, Büchern und Schuhen prangen. Zuweilen sind als Sachdienstbarkeit, die der Mann ersitzen will, noch ein paar Nägel in die fremde Hütte geschlagen, an denen Pistolen, Kinderflinten und ein Bündel Augengläser hängen – die Scheibengewehre und Bolzbüchsen lehnen daneben. Die Sackuhren, als leichter zu entwendende Gegenstände, sind schon mehr in der Nähe des Verkäufers. Während auf diese Weise das *Äußere* einer echten Trödelbude schon so ausgestattet ist, muß man vermuten, mit welchem Reichtum und welcher Mannigfaltigkeit erst das *Innere* bedacht sei, aber derjenige, welcher diesen Schluß macht, irrt sich; denn da des Tandlers Zweck ist zu verkaufen und da so viele Nebenbuhler in seiner härtesten Nähe denselben Zweck haben, so muß er seine verkaufbaren Dinge so legen, daß sie dem Lustwandler, der sie etwa not hät-

28

te, am leichtesten in die Augen fallen, das heißt, er muß sie so sehr als möglich am Rande seines Gebietes anbringen, wo eben der Strom der Besuchenden vorbeistreicht, und da er aber *alle* seine Dinge zum Verkaufe hat, so muß er mit allen gegen außen drängen; daher die meisten dieser Buden gegen innen verhältnismäßig leer aussehen. Aber im Grunde sind sie es doch nicht, sondern der Trödler oder die Trödlerin räumt alle Dinge, von denen sie eben jetzt nicht erwartet, daß sie einen Käufer finden werden, zurück in das Innere ihrer Behausung; auch andere, die nicht gerade ein laufender Artikel sind (und diese sind oft die besten und ältesten Seltenheiten), befinden sich in seiner Nähe; manchmal aber geschieht es auch, daß der ärgste, ausgedienteste Plunder hinten liegt und sich hinter die Bänke und Fächer flüchtet, wo er mit dem uralten Staube Brüderschaft macht. In der meist etwas dunkeln Tiefe der Bude sitzt der Tandler oder die Tandlerin, entweder mit Auswahl der Dinge beschäftigt, das erkorene Handwerk treibend, auf Kunden spähend oder zuweilen einen Schrei auf ihre Nachbarn und Nachbarinnen heraussendend. Manchmal stehen sie auch am Eingang ihrer Hütte oder gar außer und neben derselben und treiben mit andern Gespräche und Scherze und Lachen – und in der Tat, es findet sich bei diesem Schlage von Menschen eine eigene Gattung von Witz, der nicht selten recht heiter und wienerisch, manchmal sogar sprühend ist. Die Bilder und Gleichnisse sind von ihrer Umgebung genommen und meist sehr treffend. Ganz ungeheuer weitschreitend sind sie in ihren Hyperbeln und Übertreibungen. So hörte ich einmal einen sagen: »Du, der schnellt dich empor, daß du im Herabfallen verhungerst.« Unvergleichlich sind sie im Einkaufen ihrer Artikel, und sie müssen es sein, da sie nicht anders als wieder wohlfeil verkaufen können. Ich selber stand einmal dabei, als ein hageres, blasses Weib mit einigen Zinntellern kam, die sie schüchtern aus einem Fetzenbündel hervorzog und zum Verkaufe anbot. Der Mann der Bude sah bloß wie zufällig hin und fragte um den Preis; er wurde genannt; der Mann erwiderte, diese Sachen könne er überhaupt nicht gebrauchen, er rate ihr, nach Hause zu gehen und die Dinge aufzubewahren. – Es war erstaunlich, mit welcher Trostlosigkeit das Weib dastand; nie habe ich das Bild getäuschter Hoffnung deutlicher gesehen. – Der Budenmann kramte auf dem Boden herum, ordnete seine Artikel und fing endlich aus einer Goldborde die Fäden zu zupfen an. – Das Weib stand noch immer da und regte sich nicht. Endlich, da sie sehr zögernd fort, zugehen sich wendete, sagte er ihr, daß er höchstens aus Rücksicht sò und so viel geben könnte; und wenn er sie kaufte, dann aber dürfte sie gewiß sein, daß die Teller so lange da liegen bleiben werden, bis sein Urenkel ein alter Mann sei. Der Preis aber, den er geboten hatte, war ein Fünftel der geforderten Summe, die mir ohnedem sehr bescheiden geschienen hatte. »So geh die Frau herein«! rief er, als sie noch immer halb zu gehen, halb zu bleiben zauderte. Dieser Ruf schien sie plötzlich zu bestimmen, auch deuchte es mir, daß sie froh war, auf diese Weise den Blicken der Umgebung zu entgehen. Endlich kam sie wieder aus der Hütte zum Vorschein aber ohne die Teller, und sie ging schnell durch die Reihen davon. In der Absicht, zu dem Blutgelde der abgepreßten Ware noch eine Kleinigkeit hinzuzufügen, ging ich ihr nach; denn ich bildete mir fast ein, nur die allerbitterste Not habe sie zu dem Verkaufe der Zinnteller bewegen können, die etwa noch ein altes Hausstück von Voreltern her sein moch, ten; denn, dachte ich, wäre das Weib bloß leichtsinnig, so wären die Zinnteller gewiß schon längstens fort, da nach jetziger Art und Sitte derlei Dinge schon viele Jahre nicht mehr im Gebrauche sind und meist nur als Erinnerungsstücke und tote Küchenzierde herumstehen, wo sie noch in Bürgershäusern zu treffen sind. Als ich das Weib erreicht hatte, fragte ich sie, ob die Teller verkauft wären.

»Ja.«

»Nun, hat der Mann mehr gegeben, als er anbot?«

»Ach nein, aber er ist ein seltsamer Handelsmann. Als er mir die Teller gerade um den Preis abgedrückt hatte, den er selber bestimmte, zahlte er mich aus und gab mir dann so viel darauf, bis die Summe voll war, die ich anfänglich verlangte.«

»Also hat er doch so viel gezahlt?«

»Nein, er hat sehr gedrückt – das andere gab er mir als Geschenk. Sieht die Frau, hat er gesagt, den Markt kann ich nicht verteuern, und Zinn ist eine Lumpenware – aber da gebe ich ein pures Almosen, weil jetzt Michaeli und der Wohnungszins ist. – So! – In Gottesnamen! und wenn die Frau morgen wieder mit

31

Zinn kommt, so kaufe ich es ab und schenke der Frau nichts mehr. – Diese Worte hat er gesagt, hat sich umgekehrt, und ich bin davon gegangen.«

Ich gab nach diesen Worten der Frau noch das, was ich ihr bestimmt hatte, und wendete mich um, in der Absicht, zurückzugehen und die merkwürdigen Zinnteller zu kaufen, an die sich ein so edler Zug eines sonst so unscheinbaren Menschen knüpfte. Aber der Mann forderte einen so ungeheuren Preis für die Zinnteller, die er mir anhängen wollte, daß ich schamrot von dannen lief.

In der Tat mögen derlei Einkäufer im Erkennen ihrer Charaktere, mit denen sie es zu tun haben, viel weiter sein als ein harmloser Menschenfreund, der in den Buden nach Seltsamkeiten forscht und aus Edelmut Zinnteller kaufen will, die ihm der Verkäufer anrühmt und übertrieben hoch bietet. Und wahrlich, wenn man bedenkt, in welchen Masken mögen der Leichtsinn, die Liederlichkeit, die Verschwendung und anderseits die Not und Armut zu diesen hölzernen Gebäuden und ihren Bewohnern kommen, um ihr letztes und bestes Scherflein feilzubieten, wie oft mag der Wuchergeist anklopfen, um selber wieder zu gewinnen, was ihm zuweilen gelingt, zuweilen so fehlschlägt, daß er der Geprellte ist. Wer kann wissen, wie Herzen werden, die täglich und stündlich mit solcher Leidenschaft verkehren. Sie müssen verachten oder werden selbst so oder betrachten die Dinge kalt, die sie ausbeuten, wie der Naturforscher die Knochen der Tiere zählt und ihre Vorsprünge mißt.

Trotz des Geschickes macht aber auch der Tandler zuweilen Verkäufe, die über seine Einsicht gehen, wenn ihm nämlich Dinge in die Hand kommen, über deren Wert und Wesenheit er keine Ahnung hat. So geschah es zum Beispiel vor fünf oder sechs Jahren, daß eine Frau meiner Bekanntschaft, die öfter alte Fußteppiche und dergleichen auf dem Tandelmarkte zu kaufen pflegte, auch wieder einmal dort war und mehrere größere und kleinere Stücke grauen Seidenzeugs, einiges Messinggeschirr und illuminierte Soldaten für ihre Kinder kaufte. Da aber der Trödler sagte, er gebe das Messinggeschirr nicht ohne den sechs Bildern in Goldrahmen, die dabeilagen, weil er alles zusammen in einer und derselben Versteigerung gekauft habe, und da die Frau das Geschirr besonders gerne gehabt hätte, die Bilder aber auch nur zwei Gulden kosteten, so nahm sie dieselben, indem sie meinte, so viel müsse sie ja wieder für die Rahmen bekommen, wenn sie dieselben putzen und verkaufen ließe. Aus dem Seidenzeuge wurden die schönsten Puppenkleider gemacht, das gescheuerte Messing prangte und funkelte in der Küche, mit den Soldaten hatten die Knaben die größte Freude, nur die sechs Bilder lagen in der Plunderkammer, weil man zum Putzen der Rahmen viel später schreiten wollte. Ein Jahr nach dem Einkaufe, da die ganze Wohnung frisch ausgemalt, angestrichen und gereinigt wurde, ging man auch an die Rahmen, und die Mutter und die älteste Tochter begannen das geschwärzte und mit Fliegenkot über und über beschmutzte Gold zu behandeln – aber siehe, es war schier kein Gold mehr da, sondern unter dem Fliegenkote erschien stellenweise eine rote Grundierung oder gar das bloße Holz. Man lachte einander aus, die Hoffnung mit den Rahmen war mißlungen, und man stellte die Bilder wieder an ihren Ort; denn diese waren noch viel schwärzer und dichter, kaum daß hie und da ein roter oder blauer Punkt und Lappen her, vorsah. Zufällig kam der Vergolder, der der Frau die neuen, schweren Spiegelrahmen brachte, er sah die alten Bilderrahmen noch daliegen; man lachte, erzählte ihm die Sache, und er meinte, daß man doch die verworfenen Bilder untersuchen sollte. Er schlug einen Mann vor, der um Billiges die Reinigung unternähme. Die Frau willigte ein, der Mann kam, und unter seinen Händen ging beim ersten behutsamen Waschen ein dichter Ruß und beinahe Küchenpech von den Bildern, worauf sie sich sämtlich als niederländische Stücke von schlechtem Werte auswiesen. Nur zwei zeigten, daß sie später von Liebhaberhand übermalt waren und dadurch noch viel schlechter wurden als ihre Nachbarn. Der Mann meinte, man solle diese spätere Malerei wegschaffen und die alten Bilder, die darunter steckten, bloßlegen, es wäre nichts zu verlieren. Man versuchte es, und nach wenig Behandlung mit Weingeist, Terpentin und dergleichen kamen geistreiche Setzer und Striche zum Vorscheine, die weiter lockten, und weiter und weiter, und vorsichtiger und vorsichtiger — bis zwei der schönsten, kaum beschädigten Teniers zum Vorscheine kamen. Der Frau wurden hundert Dukaten für die zwei Bilder geboten, dann zweihundert, dann mehr, allein sie hatte eine solche Freude an

34

ihnen und an dem seltsamen Zufalle, daß sie mit dem Tandler, der so zu Schaden gekommen, ein Abkommen traf, um in ihrem Gewissen ruhig zu sein, daß sie dann prachtvolle Rahmen machen ließ und die Bilder im Prunkzimmer aufhing, wo auch die großen Spiegel waren, da sie dieselben bewundert, immer wieder die Geschichte erzählt und sehr geschmeichelt ist, wenn Kenner davor stehen bleiben und in Freude darüber geraten.

Wie oft solche Zufälle auf dem Tandelmarkte geschehen, kann ich nicht sagen. Die Neigung haben, ähnliche Käufe zu machen, müssen es versuchen. Ich, der ich seit der Zeit jedes nur im mindesten verdächtige Bild, das mir in den Wurf kam, kaufte, habe nichts erstanden — und wenn ich den Ruß, der auf dem Bilde war, abwusch, kam immer ein Familienporträt zum Vorscheine. Auch mit den Rahmen hatte ich wenig Glück, außer mit einem, der von Semilor war, sich daher reinigen ließ und jetzt einem guten Bilde zur Zierde dient, das in meinem Zimmer hängt.

Außer den Bilderhoffnungen, die ich durch diese meine Erzählung wahrscheinlich vermehrt habe, besteht schon seit längerer Zeit eine Sekte, die den Tandelmarkt wie eine andere Leipziger Messe befährt. Es sind das die Büchersucher, die darauf ausgehen, ob sie unter den schon von Urahnen her liegenden Büchern nicht etwa eine seltene Ausgabe, eine Merkwürdigkeit oder dergleichen ergattern können. Man sieht sie da oft stundenlange an einem Bücherbrette stehen und die daraufliegenden Stücke einzeln durchsuchen, ja wenn nur mehr Trümmer vorhanden sind, werden die Reste von Blättern befragt und erforscht. Kommen irgendwo zwei solcher Hamster zusammen, so sieht man, wie jeder den andern vom Suchen abzuhalten strebt, indem er auf verdächtige Stellen ganz unbefangene Bücher häuft, die die übrigen decken wie sich der andere dadurch nicht abhalten läßt – und wie sie nun einander vorkommen wollen in Ergreifung von solchen Stücken, die etwa mit einem Schweinsledereinbande hervor, blicken oder in Folio sind oder ganz klein, beschmutzt und von Pergament. Die Geduld dieser Leute ist von keiner übertroffen, höchstens steht ihr die eines Anglers gleich. Wenn sich nur ein einziges Mal die Sage verbreitet, es habe einer ein Exemplar dieser oder jener seltenen Ausgabe aufgetrieben, so stärkt sie dieses wieder zu siebenjähriger Ausdauer, wo sie nichts finden als Die vier Haimonskinder, Basedows Elementarbuch, Sophiens Reise von Memel nach Sachsen oder gar neue Taschenbücher und Album, die ihnen verhaßt sind.

Es fällt mir bei dieser Geschichte immer ein verstorbener Onkel von mir ein, der fast auf dem Punkte war, das Angeln aufzugeben, als ihm der Himmel das Unglück geschehen ließ, daß er einen Aal fing, was die Folge hatte, daß der selige Onkel noch siebzehn Jahre angeln ging und von dem Aal erzählte, den er einmal gefangen, bis er sich nasse Füße und Reißen zuzog, das ihn hinter den Ofen bannte.

Ich wünschte in diesem Aufsatze noch zu erwähnen, daß der Tandelmarkt auch der Stapelplatz jener

Tüchergattungen ist, welche in sehr kleinen Stücken verschleißt werden, die man Flecke heißt.

Ich wüßte noch recht viel von dem Tandelmarkte zu sagen, aber da so wenige sind, welche alte Sachen gut verstehen, so breche ich hier ab und bemerke nur noch, daß, wenn ich etwas aufgefunden habe, was der Mühe wert war, zum Beispiel eine ganz unbekannte und bezeichnende Pfeifengestalt, ich immer schon im voraus erfreut bin, was das Abendkränzchen im Gasthause sagen wird, wenn ich damit käme? – Einen Narren heißen sie mich. Aber ist der nicht auch ein Narr, der jetzt auf dem Lande herumreist, um Kästen aufzutreiben, die dreihundert Jahre alt sind, die er dann ausbessern, polieren und auf seinen Schlössern aufstellen läßt? Ist er nicht auch einer? Oder vielmehr wir sind beide keine.

*

publication PN°1
Bibliothek der Provinz

Verlag für Literatur, Kunst und Musikalien